AF247766

LA
RÉPUBLIQUE

ET LES

LIBÉRAUX

PAR

L. B. LE THEIL

PARIS

LIBRAIRIE PLON

E. PLON, NOURRIT et Cie, IMPRIMEURS-ÉDITEURS

RUE GARANCIÈRE, 10

1887

Tous droits réservés

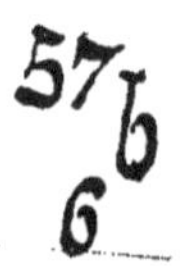

LA RÉPUBLIQUE

ET

LES LIBÉRAUX

PARIS. TYPOGRAPHIE DE E. PLON, NOURRIT ET Cie, RUE GARANCIÈRE, 8.

LA
RÉPUBLIQUE

ET LES

LIBÉRAUX

PAR

L. B. LE THEIL

PARIS

LIBRAIRIE PLON

E. PLON, NOURRIT ET Cie, IMPRIMEURS-ÉDITEURS

RUE GARANCIÈRE, 10

—

1887

Tous droits réservés

LA RÉPUBLIQUE

ET

LES LIBÉRAUX

AVANT-PROPOS

« Dès longtemps il m'a paru que les souve-
rains et les maîtres du monde, qu'en mon pays
en particulier, empereurs et rois avaient failli à
leur destinée, avaient délaissé leur mission.
Sans le dire plus qu'il ne convenait, mais atteint
et blessé au plus profond de mon cœur, je me
suis détourné d'eux et je n'ai plus voulu me confier qu'au grand courant de l'histoire et de la
géographie, au travail, aux œuvres des nations,
au génie de la civilisation. Si je voulais cepen-

dant exprimer ma pensée par une effigie, par un symbole unique, le choix était difficile. Ainsi que l'a dit l'un de nos modernes politiques, pour le rencontrer, je ne me suis point contenté de traverser la Manche, où j'aurais pu choisir Guillaume III ; j'ai traversé l'Atlantique et j'ai désigné Washington[1]. »

Lorsque ces lignes me tombèrent, il y a quelque temps, sous les yeux, je ne pus m'empêcher d'y arrêter longtemps mon esprit. Les sentiments discrets de tristesse qu'elles expriment répondaient bien aux pensers intimes qui avaient agité mon âme; une même blessure avait atteint le plus profond de mon cœur, et de sa cruelle entaille s'étaient écoulées une à une, comme les gouttes les plus pures de mon sang, toutes les aspirations de ma foi patriotique.

C'est au milieu des convulsions d'un empire expirant, dont je n'avais pu que regretter les der-

[1] Comte de Chambrun.

nières et lourdes fautes, au milieu des tortures
de la France démembrée, que s'étaient écoulées
les premières années de ma virilité; c'est le
deuil, c'est la douleur qui avaient salué mon
entrée effective dans la vie d'homme.

Alors je me tournai vers Washington : pour la
tranquillité de mon pays, si durement éprouvé;
pour le bonheur de mes concitoyens, saignant
encore de leurs luttes fratricides, j'invoquai sa
grande âme. Peut-être son avénement allait-il
ouvrir cette ère de paix, de prospérité et de liberté que la France semblait avoir sollicitée sans
succès des dynasties déchues. Vains appels de
mon cœur, vœux stériles, pénible réveil d'un
songe heureux. Le grand apôtre est resté sourd
à mes prières, il a gardé dans sa tombe le secret
de sa sagesse et de ses vertus.

« S'il y avait un peuple de dieux, il se gou-
vernerait démocratiquement. Un gouvernement

si parfait ne convient pas aux hommes. » Il semblerait, hélas! que nous ayons à cœur de justifier les craintes du philosophe; il n'est pas de régime, en effet, qui exige de l'être humain plus de raison, plus de sagesse, plus de sincérité, plus de désintéressement, plus d'abnégation même, que le régime républicain démocratique; il n'en est pas qui donne plus aisément accès à toutes les passions, à toutes les convoitises, à tous les dérèglements de l'action et de la pensée. La fragile humanité a sans doute trop présumé de ses forces : elle voulait construire un temple auguste, dédié à la liberté, à la vertu, un temple objet d'un culte austère; elle n'a réussi qu'à édifier de risibles tréteaux propres seulement aux pasquinades de la comédie politique.

Et pourtant, «la puissance publique venant de tous, pouvant incessamment être reprise par tous, obtenue de tous, par quelques-uns au moyen de la seule persuasion, et concentrée ainsi pour un temps dans la main des plus capables et des meilleurs, quel spectacle! et quel état heureux serait celui du monde, si la démocratie pouvait l'offrir! »

N'est-ce point à ce beau programme qu'un jour la France fut presque unanime à se rallier? N'est-ce point sur ces bases qu'elle consentit à faire l'essai loyal?

Qu'en est-il advenu, de ses généreuses tentatives? Où est la persuasion? Où sont les plus capables? Où sont les meilleurs? Et M. Paradol n'avait-il pas raison d'ajouter : « Mais le gouvernement démocratique est prompt à se corrompre et à se dissoudre; l'anarchie est le signe de sa décomposition rapide, et le despotisme sort presque aussitôt de ses débris, comme une plante vigoureuse et malsaine. » Sinistre prophétie trop tôt accomplie. La plante vigoureuse et malsaine, s'enroulant à ses flancs, a si bien enlacé l'arbre de la liberté, qu'elle en a dévoré toute la séve, rongé tous les rameaux ; et les plus capables et les meilleurs, cédant au dégoût croissant qu'éprouvent les honnêtes gens à se mêler des affaires publiques, ont renoncé à lutter d'influence avec les innombrables et ardents flatteurs de la multitude, et leur ont laissé presque entièrement le champ libre. Fatal renoncement, cruelle nécessité. Depuis, « le désordre s'est emparé de l'État ; il est devenu intolérable ; il menace de tout envahir. Les affaires privées se ressentent des épreuves publiques ; la multitude, abreuvée de folles espérances et incessamment déçue, s'agite avec colère ; ses flatteurs usent du reste de leur crédit pour la tourner contre ceux qu'ils détestent ou redoutent ; la sécurité disparaît et le pouvoir est impuissant à la garantir, parce que n'étant ni aimé ni estimé, il est encore trop contenu par les lois de la démocratie pour avoir les moyens de se faire craindre. Tout chancelle, et la puissance publique semble une proie offerte à qui osera la prendre. L'heure du despotisme démocratique est venue. »

Oui, cette heure est venue, et certains libéraux, sentant qu'on ne peut impunément se dérober aux devoirs du citoyen et rester étranger aux destinées de la patrie, ont depuis quelque temps déclaré, tout en demeurant sur le terrain de l'opposition constitutionnelle, guerre à outrance à l'anarchie triomphante, au despotisme envahissant.

Je tenterai, dans le cours de cette étude, d'envisager avec toute la loyauté et l'indépendance de mon caractère, les résultats probables de cette lutte énergique; mais, que les libéraux sortent victorieux ou vaincus de cette courageuse campagne, il me plaît de saluer en eux les valeureux champions de nos libertés publiques et privées, les cœurs fiers en qui vibre la grande pensée de Washington.

DES CAUSES DE NOS SOUFFRANCES

Avant d'entrer dans les détails de la lutte engagée par les libéraux, avant d'examiner les moyens à l'aide desquels ils escomptent la victoire, avant de supputer leurs chances de succès, il me paraît utile de jeter un rapide coup d'œil sur les origines de nos souffrances. Le mal une fois défini, il me semble qu'il sera plus aisé de porter un jugement rassis et impartial sur l'efficacité des remèdes proposés.

Au malaise qui lentement épuise le pays je vois deux causes d'origine absolument diverse. La première, d'ordre général, s'étend également à tous les États du monde civilisé, est indépendante de la forme de gouvernement, naît du courant des idées auxquelles obéit le dix-neuvième siècle. Il serait injuste d'en rendre, chez nous, uniquement responsable le régime républicain, qui ne fait simplement qu'en accroître l'intensité. La seconde, d'ordre particulier, découle de la nature même du régime que la France a adopté depuis 1870. Nous examinerons successivement ces deux causes.

PREMIÈRE CAUSE

Est-il bien sûr que la terre ne manque pas à sa destinée, comme cela est probablement arrivé à des mondes innombrables? Cette grave question, à laquelle les siècles futurs seront seuls en mesure de répondre, préoccupe néanmoins les esprits réfléchis qui l'ont posée. Le monde moderne est ébranlé; partout règne l'incertitude; le grand inconnu plane sur nos têtes. Sommes-nous à l'aurore d'un nouveau monde, ou bien la vieille Europe, après tant de cataclysmes, tant de crises subies depuis des siècles, pressurée, anéantie, s'achemine-t-elle lentement vers la décadence? et ces soubresauts pénibles dont nous sommes agités ne sont-ils que les premiers râles de l'agonie? Quelle que soit la réponse aventurée qu'optimistes et pessimistes se déclarent disposés à faire, il est certain que les uns et les autres s'accordent pour reconnaître que l'Europe traverse une phase grave et que l'équilibre normal est rompu.

En voulant franchir chaque jour un degré de plus dans l'ordre des abstractions, en voulant toucher les dernières limites de l'attingible, peut-être le progrès moderne a-t-il conduit notre temps à ce point culminant après lequel l'humanité ne peut que déchoir. En tout cas, il est bien permis d'avouer, avec un grand savant [1], qu'à

[1] Renan.

force de vouloir sonder la nature, l'humanité s'en est éloignée.

La vie est-elle au bout de cette dissection à outrance, ou bien la mort? J'estime que, sur l'un ou l'autre point, une réponse affirmative n'est pas du ressort de l'esprit humain; mais ce que nous pouvons constater, c'est que cette dissection à outrance est une des causes premières de nos souffrances, l'origine de la crise sociale qui, à des degrés plus ou moins violents, agite tous les États de l'Europe; c'est que les masses populaires, incapables de se rendre un compte exact de cette force inéluctable qui entraîne l'esprit humain vers les mystères insondés, ont toutefois bien compris qu'elles n'ont rien gagné à cette dissection acharnée de la nature, qu'elles n'ont rien tiré de bon et d'utile, au point de vue matériel, des innovations enfantées, et que chaque pas fait vers le progrès a marqué pour elles un pas vers la peine, la douleur et la servitude.

Quel profit, en effet, le peuple a-t-il trouvé aux multiples applications de la vapeur, au développement incessant de l'industrie houillère et métallurgique, entre autres? Qu'a-t-il gagné à l'accroissement journalier des transits? Enfoui dans les profondeurs de la terre, à laquelle il arrache ses richesses pour en assurer à d'autres la jouissance; condamné à user les plus belles années de sa vie dans la méphitique claustration des terriers qui bien souvent le gardent et lui servent de tombeau ou le rendent à la lumière épuisé, abâtardi, le peuple n'est-il pas en droit de maudire la mine?

Brûlant son sang à la torride chaleur des hauts fourneaux, peut-il se réjouir au spectacle des étincelantes coulées du métal en feu? Le visage ruisselant, le cou bleui, l'échine courbée, haletant sous le poids, qu'il décharge les vaisseaux venus de tous les mondes ou emmagasine leurs trésors, le peuple est-il coupable de ne point admirer ces docks immenses, véritables temples élevés à la gloire du commerce international, et qui semblent ne se dresser dans leur insolente majesté que pour insulter à sa misère? Faut-il donc s'étonner, après cela, que le peuple, véritable facteur, manouvrier chargé de donner l'être aux plus immenses conceptions de l'esprit, le peuple, qui a vu ses fatigues croître en raison directe du développement progressif des choses, ne trouve jamais dans le salaire obtenu la légitime récompense de ses efforts? Et lorsqu'on vient lui chanter les louanges et les bienfaits du régime démocratique, ce prétendu niveleur, peut-on lui reprocher de se jeter aveuglément dans les bras de ceux qui découvrent à ses yeux les horizons d'une félicité inconnue? Non; car l'aspiration au bien-être est légitime, et seuls ceux-là sont coupables qui, « exploitant ses vagues espérances et ses illusions infinies, lui font entrevoir le désordre, l'anarchie et l'effondrement général comme les sûrs moyens d'arriver à une répartition plus égale des biens de ce monde, à une rénovation des sociétés modernes ».

Il faut le constater, l'esprit humain, dans son essor sans frein, a exercé sur la matière une pression douloureuse. Cela était inévitable; l'intelligence ne peut s'arrêter sur les voies sans nombre que le Créateur ouvrit à son activité.

Obéissant à cette force irrésistible qui l'entraîne toujours plus loin et toujours plus haut, elle poursuit sa course fatale sans s'inquiéter des douleurs qu'elle sème sur sa route. Tel un conquérant invincible. L'empire du monde entier semble à peine un but digne de son ambition. Les ruines s'amoncellent sur son passage : peu lui importe; les cadavres s'entassent sous ses pas : il éperonne son coursier et franchit l'obstacle. Dans l'ivresse du triomphe final à peine s'apercevra-t-il que cette domination rêvée s'étend sur des décombres.

Mais ce n'est pas sans péril qu'on fait ainsi bon marché de la matière et qu'on tente de l'asservir ; un jour ou l'autre, elle se redresse et réclame son droit à la vie. Révolte légitime et terrible à la fois, où les appétits déchaînés menacent à leur tour d'écraser l'œuvre du génie séculaire sous l'effort monstrueux de leur brutalité.

C'est cet effort qui a donné naissance aux doctrines du communisme, du collectivisme et du nihilisme; car le peuple a si bien compris qu'en voulant trop sonder la nature nous nous en sommes écartés, qu'il manifeste aujourd'hui sa ferme volonté d'y revenir. Je sais bien que les flatteurs du populaire invoquent ces théories au nom du progrès; mais c'est là une erreur due à leur ignorance ou à leur mauvaise foi : elles en sont la négation pure et simple. La révolution sociale, qui a pour but l'effondrement des sociétés modernes, répudie du même coup le progrès des milliers d'années dont elles sont l'œuvre.

C'est d'une pléthore de progrès que souffre le peuple, voilà la vérité ; c'est contre le progrès qu'inconsciemment il s'insurge, contre le progrès, qui n'est, au fond, que l'esprit victorieux et oppresseur de la matière. Calmer la lutte sanglante que se livrent ces deux forces, mettre toute son ardeur à atténuer la violence de leurs inévitables chocs, n'est-ce point là le devoir d'un socialiste sincère et éclairé? n'est-ce point là le rôle pacificateur que la république en France devait s'imposer? Tombée aux mains des énergumènes, la république n'a pu donner ses soins à une œuvre pourtant bien digne de ses études et de ses préoccupations. Elle s'est faite uniquement l'écho des revendications de la matière, besogne plus aisée que la laborieuse recherche des voies d'apaisement.

« Le démagogue a envahi la France, et comme son caractère propre est de tirer parti, dans son intérêt personnel, des souffrances populaires en les exagérant, et surtout en les attribuant à la mauvaise volonté des gouvernements ou des classes supérieures, il s'est empressé de répandre cette idée fausse et éminemment dangereuse, qui a toujours fleuri dans les temps de décadence : c'est de confondre les devoirs de l'État avec les fonctions de l'administration de l'Assistance publique. »

Considérant les situations politiques qu'il doit à ses basses et coupables flatteries comme les sinécures chargées d'entretenir sa pompeuse incapacité, le démagogue a vite fait d'inviter les masses haletantes à suivre son exemple et à se ruer sur la fortune publique, sans prendre souci de la patrie, infailliblement condamnée à s'anéantir au milieu de cette curée générale.

DEUXIÈME CAUSE

Du jour où la république s'est sentie maî-
tresse indiscutée du terrain, elle a manqué à sa
destinée, négligé son premier devoir en ne s'éta-
blissant pas comme un gouvernement digne de
s'attacher, par sa respectabilité et sa sagesse,
sinon la sympathie, du moins l'estime de tous.
Au lieu d'être le refuge des plus honnêtes, des
meilleurs et des plus capables, elle est devenue
la proie d'une intransigeante faction dont elle a
servi les mesquines ambitions et les haines coupables. Elle pouvait devenir un gouvernement
fort; elle s'est faite coterie violente, autoritaire
et despotique, croyant masquer sous la brutalité
de ses formes son peu d'esprit politique, son
manque d'éducation, son insuffisance et sa faiblesse. Ainsi qu'un héritier famélique à qui
tombe un héritage inespéré, elle s'est ruée sur

le butin, oubliant que la richesse ne vaut que par le bon usage qu'on en fait, et que, levier puissant aux mains des expérimentés, elle conduit aux plus coupables erreurs, aux débordements les plus répréhensibles les prodigues et les ignorants que le hasard en a fait maîtres.

Un homme d'un grand âge et d'un grand esprit disait : « Vraiment, il faut que la République soit bien maladroite pour avoir su s'aliéner les deux corps les plus serviles d'un État : le clergé et la magistrature. » Boutade, soit, mais boutade profonde. Par leur esprit de discipline, par leur amour du calme, qui sont la force de leur institution, le clergé et la magistrature se sont montrés toujours assez indifférents aux formes de gouvernement que la France a successivement choisies, chaque fois que ces gouvernements leur ont donné l'indépendance, la sécurité, le repos nécessaires à l'exercice de leur auguste ministère. Et nos politiques d'antan ajoutaient un tel prix au concours de ces deux corps, que leur premier soin était d'obtenir leur adhé-sion et de gagner leur agrément. Il n'y a qu'à lire les belles lettres ou encycliques du pape Léon XIII pour être persuadé que le clergé ca-tholique eût apporté, ne fût-ce que pour se sou-mettre aux injonctions suprêmes du Pontife, son appui à l'œuvre d'apaisement que la République devait prendre pour but. En effet, comme le dit si bien l'auteur de la brochure *Le Pape est-il libre à Rome?* Léon XIII s'est bien gardé de confondre la religion avec l'ancien régime et d'unir la fortune terrestre de la Papauté à celle d'un parti politique quelconque. Il n'a approuvé ni réprouvé aucune forme de gouvernement, et il s'est déclaré prêt à s'accommoder de toutes. Si la République écoute les conseils funestes de persécution qu'on lui donne, elle n'aura pas pour excuse que le Pape l'a condamnée ou maudite. Il l'a admise comme tous les gouvernements monarchiques au respect de l'Église. « Procul dubio nullam Ecclesia catholica reprehendit aut improbat formam civitatis ; et quæ ab ipsa Ecclesia ad communem utilitatem instituta sunt prospere esse possunt ; sive unius sive plurium potestate et justitia regatur res publica. » Néanmoins, ce Pape éclairé, ami de la civilisation, sera un de ceux dans l'existence duquel de prétendus amis des lumières de la civilisation et du progrès auront mis le plus de fiel! Avec lui, on pouvait conclure le concordat nouveau qui aurait assuré pendant de longues années la paix religieuse et concilié les exigences démocratiques des sociétés avec les dogmes immuables. Bien éloignés de saisir cette bonne fortune que leur réservait la Providence, des hommes d'État asservis à des préjugés surannés s'occupent à ressusciter les maximes jansénistes, à jouer aux lois organiques, et ne témoignent pas au Pape modéré plus de déférence qu'ils n'en accorderaient à un pape réactionnaire. Au lieu de rechercher un appui si loyalement offert, un appui que tous les États d'Europe sont si fiers d'obtenir, dès leur triomphe au 16 mai, les républicains n'ont su de quelles tracasseries, de quels procédés violents abreuver le clergé tout entier, qui n'était point solidaire, pourtant, de quelques imprudences isolées. Ils pouvaient lui montrer aisément que son erreur avait été grande de prendre ombrage du régime républicain, et le ramener à eux par les égards et la générosité; ils n'ont fait que légitimer les craintes qu'il avait conçues, par l'âpreté de leurs actes, l'assouvissement cruel de leurs inutiles rancunes. Ils n'ont pas songé, en agissant ainsi, qu'ils faisaient un aveu de leur faiblesse, qu'ils dévoilaient leurs terreurs, et que la vengeance n'a jamais été l'arme des forts. Ils ont oublié, comme le dit une brochure sur laquelle j'aurai longuement à m'étendre, que la lutte contre les personnes convient aux esprits médiocres seuls ; dans leur impuissance de créer et d'agir, ils se sont contentés de persécutions de détail, besogne subalterne à la hauteur de leur intelligence. Sans souci des dangers terribles qu'il y a pour un État à rompre avec la paix religieuse, ils ont déclaré la guerre au cléricalisme, parce que cette guerre avait le grand mérite de les empêcher de songer à des réformes qui eussent demandé du travail et des lumières.

Même haine, même terreur, même inconscience les a guidés dans leur campagne contre la magistrature, même aveu de leur faiblesse ; ne se sentant ni le mérite ni la vertu capables d'inspirer le respect à un ordre où les hommes les plus intègres et les plus éclairés semblaient prendre honneur et plaisir à se rencontrer, jaloux de ces hommes qui les dominaient de toute la hauteur de leur intelligence et de leur dignité, ils ont préféré, mésusant de leur éphémère puissance, abattre ces témoins irritants, ces juges austères de leur incapacité et de leurs fautes, sapant ainsi sans scrupule, par sa base, une des colonnes les plus précieuses de l'édifice social : la justice.

Et ces maladresses, si grosses de conséquences, ces maladresses chaque jour renouvelées et qui atteignent toutes les institutions du pays, culte, justice, finances, armée, suivront leur cours tant que la France sera considérée par les politiques improvisés comme le terrain propice à leurs expériences de néophytes; car la République a le très-grand malheur de fausser les destinées et de développer ce grave défaut de l'esprit français : le manque de mesure.

Personne aujourd'hui ne veut suivre sa voie. L'ingénieur s'improvise diplomate, l'avocat abandonne le barreau pour la place publique, le savant déserte son laboratoire, le médecin fuit son cabinet de consultation, l'ouvrier se fait grand électeur ou candidat ; et la politique, d'un sacerdoce qu'elle devrait être, devient un métier lucratif auquel aspirent tous les hommes, à l'exception, bien entendu, de ceux qui ont fait de la chose publique l'étude de leur vie et l'objet de leurs constantes préoccupations. Que ces derniers ne s'avisent pas d'offrir le concours de leur sagesse et de leurs lumières; leurs peines seraient perdues. On parle en vain le langage de la raison à ceux qui font de l'intérêt privé l'unique règle de leur vie, à ceux qui mettent les plus répréhensibles passions au service des mesquines rancunes de leurs âmes bourgeoises.

II

LA RÉPUBLIQUE ET LES LIBÉRAUX

L'intolérable désordre au milieu duquel la
France désorganisée s'agite, la décadence vers
laquelle nous marchons à pas rapides ont éveillé,
je l'ai dit plus haut, les terreurs patriotiques de
libéraux courageux et éclairés. Dans un langage
plein de fermeté et de sincérité, mais exempt
de violence, ils nous exposent journellement les
dangers que font courir au pays les détestables
manœuvres du jacobinisme. Parmi les écrits
publiés par la « Société des Publications libérales », une excellente brochure, *le Vrai Parti
conservateur,* a particulièrement fixé mon atten-
tion. Tout ce que j'y lis est bien pensé, claire-

ment exprimé, et je ne mets pas en doute l'excellente impression qu'elle produira sur les esprits sages; malheureusement, je crains bien que cette impression ne demeure platonique et n'enfante guère de résultats pratiques; si j'osais achever ma pensée, je dirais que cette brochure pèche par l'excès du bon sens et de la sagesse. Or ce bon sens et cette sagesse mêmes qui la distinguent, étant peu compatibles avec l'impressionnabilité et la mobilité du caractère français, en neutraliseront l'effet. Je m'empresse d'ajouter que rien ne me séduirait tant que d'être mauvais prophète, bien que les tentatives auxquelles cette brochure a donné naissance et le peu de succès qui les a accueillies, semblent jusqu'à présent légitimer mes craintes.

Pour lutter contre « la gauche avancée, qui occupe depuis sept ans le pouvoir et y a porté les passions et les haines, les ambitions sans limites, les projets sans mesure qui ont désorganisé les forces vives sur lesquelles reposaient la puissance et la prospérité nationales, » l'auteur de la brochure *le Vrai Parti conservateur* insiste sur la nécessité de « créer une ligue anti-radicale dans la République avec la loyauté constitutionnelle la plus sincère ».

Cette ligue une fois créée, il sera facile de former dans les Chambres un grand groupe libéral et conservateur suffisamment uni, suffisamment fort pour réagir contre les tendances radicales qui se dessinent plus violentes chaque jour dans le Parlement et dans les actes du gouvernement; on pourra ainsi, comme cela se passe dans les pays libres, en Angleterre et en Belgique notamment, au moyen de deux partis d'influence presque égale, confier, suivant les désirs du pays, le gouvernement aux républicains libéraux et conservateurs ou le faire passer aux mains des républicains progressistes; de plus, on obéira à cette loi des oscillations politiques dont les manifestations, tant en France qu'à l'étranger, ont démontré l'évidence et prouvé la nécessité. C'est, en effet, pour ne pas s'être soumis à cette loi d'oscillation que Charles X est descendu du trône ; c'est pour avoir voulu y résister que la monarchie de Juillet s'est écroulée ; c'est pour s'y être soustrait que l'Empire s'est perdu. Même chute attend la République, depuis sept ans gouvernée par la gauche. Le pays commence à s'inquiéter, l'opinion à se prononcer ; tout ce qui pense, comme tout ce qui calcule, veut un gouvernement plus ferme, plus résolu à défendre l'ordre et les lois... Et si l'on ne donne pas à la masse de la nation, cette masse flottante à laquelle appartient toujours le dernier mot, le gouvernement qu'elle appelle, elle est capable de toutes les aventures. »

Voici, certes, un bon programme, bien capable de rallier nombre d'esprits indépendants, le jour où la République consentira à l'appliquer ; voici

de charmantes figures, d'intéressants propos
faits pour servir de thèmes aux élégantes con-
versations de lettrés, de penseurs, ou simplement de politiques de bonne compagnie. Mais
je me demande, hélas! ce qu'ont à faire, en
notre époque tourmentée, ces vues spéculatives avec les brutalités journalières de la pratique?

Et d'abord cette loi d'oscillation, que j'admets
parfaitement sous un régime monarchique, peut-
elle s'appliquer au système républicain?

Sous une monarchie parlementaire, qu'elle
soit française, anglaise, italienne ou belge, je
rencontre deux partis d'opinions nettement
tranchées, l'un se portant à droite, l'autre à
gauche; entre ces deux partis, le pendule politique suspendu à son point fixe, qui est l'autorité royale, peut accomplir ses tranquilles évo-
lutions; que la voix populaire l'entraine, suivant
le courant de l'heure présente, vers la gauche ou

vers la droite, les conditions de son travail sont nettement définies, mathématiquement arrêtées.

En peut-il être de même sous un gouvernement républicain (en France, tout au moins)? Où trouver le point fixe, inébranlable, sur lequel s'appuiera le pendule? Les pouvoirs présidentiels auront-ils l'autorité nécessaire pour en assurer la normale évolution? Je ne le pense pas. Tantôt le pendule oscillera entre la république libérale et conservatrice et la république progressiste; puis, l'axe se déplaçant, il oscillera entre la république progressiste et la république radicale; plus tard, ce sera entre la république radicale et la république anarchiste qu'il effectuera son mouvement. Plaira-t-il aux libéraux de nommer oscillations nécessaires et fécondes ces continuels et fatigants soubresauts? J'en serais surpris. Et pourtant le balancier ne reste pas immobile; mais comme rien n'est capable d'en régler la marche, il est entraîné au caprice du plus fort, qui malheureusement est le plus violent.

Les libéraux, je ne l'ignore pas, espèrent rétablir l'équilibre rompu : ils estiment que le pays commence à s'inquiéter, ce qui est vrai; que tout ce qui pense comme tout ce qui calcule veut un gouvernement plus ferme, plus résolu à défendre l'ordre social et les lois, un gouvernement tel que pourrait l'offrir une république libérale et conservatrice. Rien de mieux; mais la république peut-elle se faire libérale et conservatrice? Toute la question est là, et, sur ce point, le doute est permis.

Que les libéraux écoutent donc le langage de leurs adversaires : « Si la république libérale venait à triompher, l'axe de la majorité parlementaire se déplacerait alors; au lieu d'être, comme aujourd'hui, entre le centre et la gauche, il se trouverait entre le centre et la droite, et ce seraient les républicains comme nous (les radi-

caux) qui se verraient, à leur tour, condamnés
à une opposition impuissante dans la république
française, désormais plus réactionnaire et aussi
cléricale que la monarchie belge. »

Voici l'objection très-nette qu'opposent les
porte-voix du parti avancé. Sans s'égarer dans
les méandres de la sentimentalité politique, ils
nous disent catégoriquement ceci : « Votre programme est celui de la monarchie constitutionnelle; nous n'en voulons point. Vous avez beau
le décorer du nom de programme républicain
libéral et conservateur, peu nous importe l'étiquette de votre flacon, dès lors que la liqueur
qu'il renferme ne nous convient pas; il serait
plaisant que nous fussions en république pour
donner le spectacle d'une monarchie fonction-
nant sans souverain. « La réplique n'est pas sans
portée. Quel est, en effet, le vœu des libéraux?
C'est d'établir un gouvernement capable d'offrir
toutes les garanties de calme, de sagesse et de

libéralisme qu'on rencontre dans le gouvernement anglais ou belge, par exemple; le mo-
narque supprimé, bien entendu. Mais ce vœu
ne me semble pas exempt d'une certaine hardiesse. Quoi? il s'agit simplement de supprimer
la cause, tout en se réservant les bons effets!

Je l'avoue, nos maîtres du jour me paraissent
beaucoup plus logiques lorsqu'ils déclarent que
s'il leur a plu de supprimer la cause, ce n'est pas
pour venir aujourd'hui récolter les effets! On
me représentera que ce langage est tenu par la
minorité radicale. Soit; mais personne n'ignore
que les *desiderata* de cette minorité, depuis
nombre d'années, ont force de loi au Parlement
et dictent les actes ministériels.

De plus, si le libéralisme venait à triompher
dans la république, que deviendraient les opportunistes, les progressistes, les radicaux, les
anarchistes et tant d'autres que j'oublie? Quel
serait le sort de ces innombrables groupes qui

se sont formés et se formeront sans cesse sous
les noms les plus divers au sein du corps républicain? Faudrait-il donc les supprimer? Est-ce
chose possible? et les libéraux oublient-ils qu'ils
s'adressent à des hommes pour la plupart rongés
d'impatiente ambition? Oublient-ils que ces
groupes, dont la principale occupation est de renverser les ministères déjà existants, ne sont absolument faits que pour permettre à leurs *leaders*
de subtiliser, à l'heure opportune, le gouvernement à leur profit? Qu'en adviendrait-il des appétits, sous un régime sage, où l'intelligence, la
valeur personnelle et la vertu seraient les titres
principaux aux fonctions publiques? Et la république aurait-elle vraiment raison d'être, si chaque
politicien, quelle que soit sa médiocrité d'ailleurs,
n'avait pas la presque certitude de prendre un
jour ou l'autre une parcelle d'un pouvoir lucratif?

Il faut en être bien persuadé, ce ne sont point

les idées plus ou moins extravagantes ni les uto-
pies qu'elle sème qui font la force de la république; elles contribuent plutôt à l'affaiblir; mais,
plus que tout autre gouvernement, appelée à
favoriser les vues particulières et les intrigues
des partis, elle puise son incontestable puissance
dans les passions mêmes qu'elle engendre et
qu'elle encourage. C'est à de telles passions que
sont dus les programmes si nombreux et les dis-
tinctions si subtiles qui fleurissent dans la grande
abbaye républicaine; car, pour prendre la place
toujours convoitée du voisin, il est nécessaire de
se singulariser; à défaut de cette précaution élé-
mentaire, les vulgaires ambitieux découvriraient
trop aisément leur jeu et ne pourraient plus en-
tasser, au gré de leur fantaisie, les hécatombes
ministérielles.

Une république libérale et conservatrice dé-
jouerait nombre de ces intrigues, et c'est pour
cela même que je l'estime irréalisable. Oui, dé-

sirer, pour la France, un gouvernement républicain ferme, sage, libéral, probe, c'est former un vœu louable, j'en conviens, mais un vœu chimérique. La république, telle qu'elle existe aujourd'hui, flatte trop bien toutes les petites vanités du peuple le plus orgueilleux, le moins égalitaire que renferme l'Europe, pour qu'il me semble possible de lui donner une orientation plus sage et plus en harmonie avec les devoirs d'une grande nation. A lutter contre les instincts d'un pays on se brise : voilà tout. Tel est le sort réservé aux libéraux. Et la république, condamnée à demeurer la proie des factions, me paraît uniquement destinée à servir les intérêts de ceux qui sauront le plus habilement flatter les aspirations sans limite des masses ou leurs mauvais penchants. C'est un trafic désastreux, je le sais, mais de jour en jour plus difficile à déjouer; la république, étant de son essence le plus élastique des gouvernements, il est peu aisé de déterminer entre quelles limites extrêmes elle doit se mouvoir, peu aisé de définir où elle commence à se séparer de la monarchie constitutionnelle, difficile de se prononcer sur le point où elle confine à l'anarchie. C'est un immense clavier dont chaque note touchée rend un son particulier; quelle note donnera la tonique, alors que chaque main qui s'y pose frappe un accord à sa guise?

Libéral, progressiste, opportuniste, radical, anarchiste, chacun revendique pour soi le monopole des vraies idées républicaines.

Cherchez donc la vérité au milieu de cet immense chaos; pour moi, je n'ai su encore la trouver qu'en évoquant l'ancienne saillie :

Qu'est-ce qu'un libéral? — Un homme dont un progressiste brigue la place.

Qu'est-ce qu'un progressiste? — Un ministre dont un radical ambitionne le portefeuille.

Qu'est-ce qu'un radical? — Un malheureux

fonctionnaire dont un anarchiste veut la place, la bourse ou la vie.

Mais, me dira-t-on, que devient la France, livrée à cette épouvantable jacquerie? Eh bien, la France se consume, comme une mère trop tendre s'éteint à côté du berceau de ses enfants repus; et les efforts tentés par les républicains libéraux pour la sauver n'auront pas, je le redoute, plus de succès auprès des vampires qui l'épuisent, que n'ont de puissance sur les flots en furie les cris désespérés des matelots dont le vaisseau coule lentement au fond du gouffre ouvert.

L'APPEL DES RÉPUBLICAINS LIBÉRAUX

Si les républicains libéraux apportent à la défense de leur cause tout le dévouement et toute l'ardeur qu'inspirent les convictions sin-cères, il faut reconnaître qu'ils ne se font point illusion sur les difficultés de l'œuvre entreprise.

Un obstacle fait particulièrement l'objet de leurs préoccupations : c'est l'état alarmant de la jeunesse. « Interrogez les jeunes hommes ; voyez ce qu'ils donnent de leur temps, de leurs préoccupations, de leurs études à la chose publique. Parcourez les écoles ; voyez les barreaux ; demandez si les conférences sont suivies, quels sont les sujets de discours, quelle est l'aspiration de ces hommes qui viendront dans peu d'années rajeunir le gouvernement de leur pays en lui apportant la force de leurs passions et de leurs espérances : la réponse est pleine de découragement. Avant l'heure de l'action, il semble que ces vieillards de vingt ans soient las d'agir. »

Je ne suis pas surpris de l'intérêt que portent les libéraux à « ce trésor secret qu'un peuple doit ménager avant tout, à cette réserve de l'avenir qui se nomme l'âme de la jeunesse » ; les politiques sérieux, à qui les destinées de la

France sont chères, ont toujours porté leurs regards au delà des horizons bornés de l'heure présente. Pourtant, je trouve sévère le réquisitoire des libéraux.

Parce que la jeunesse studieuse et réfléchie, ne croyant sans doute pas à la réalité d'une république libérale et conservatrice, s'abstient et se recueille, il me semble injuste de conclure qu'elle nie l'action ou préfère s'enrôler dans les rangs d'une opposition frondeuse, qu'elle est même disposée à accabler de ses malédictions ceux qui osent parler de réformer le gouvernement plutôt que de le renverser.

C'est précisément parce qu'elle n'est ni frondeuse, ni révolutionnaire, ni prompte aux malédictions, qu'on la juge nonchalante; on fait erreur. La jeunesse contemporaine ne croit plus aux grandes phrases qui ont soulevé ses aînés, voilà tout; elle se contente aujourd'hui de sourire, qu'on étale à ses yeux les méfaits épouvantables des tyrans, ou qu'on lui vante les bienfaits sans nombre de la fraternelle république; elle dit, petit à petit, adieu au doctrinaire, se fie moins aux formules infaillibles et sépare de plus en plus l'idée de patrie de l'idée de gouvernement. A-t-elle vraiment tort? Beaucoup diront oui, et l'accuseront de scepticisme. Je répondrai non, et avouerai très-franchement que ce scepticisme dont on l'accuse est loin de me déplaire; il est pour moi une première étape vers la sagesse et le bon sens, et je reconnais en lui un contre-poids efficace à l'enthousiasme auquel le caractère français est trop enclin à obéir. Or, chez nous, et peut-être ailleurs, du reste, une barrière si mince sépare l'enthousiasme du charlatanisme que, la fragile cloison disparue, les deux voisins sont bien souvent tentés de faire vie commune. Je ne dis point cela pour faire échec aux généreux efforts des libéraux que j'estime, mais pour expliquer les doutes de la jeunesse sur les destinées d'une république née de l'enthousiasme et que le charlatanisme a envahie. Les républicains libéraux ne semblent-ils pas reconnaître, d'ailleurs, cette triste vérité, lorsqu'ils écrivent les lignes suivantes : « Il est moins malsain pour la jeunesse de vivre sous le despotisme triomphant et de pleurer la liberté proscrite que de voir les gouvernements mésuser des institutions libres et de ne s'en servir que pour les fausser. Quand la liberté n'existe pas, le jeune homme en rêve et lui attribue tous les biens; quand sous ses yeux, tous les jours, il en voit l'image corrompue et déformée, il la prend en dégoût. Ceux qui abusent de la liberté en l'avilissant font donc plus de mal à leur pays et sont plus coupables encore que ceux qui la lui refusent. Ils produisent, par réaction, une de ces générations découragées et étiolées qui nient l'action, ne croient pas au bien et vont jusqu'à douter de la liberté humaine. »

On propose néanmoins à la jeunesse de réformer la république, d'humaniser cette sauvage; elle hésite à entreprendre une œuvre très-aléatoire. Doit-on l'en blâmer? Tel n'est pas mon avis; car mille fois mieux vaut le recueillement pour elle qu'un déploiement stérile de ses forces. Les défaites successives de ses maîtres retiennent son élan.

Autrefois, il est vrai, l'*idée* seule suffisait à entraîner les jeunes phalanges; mais il y a si loin de l'idée à la réalité que la jeunesse, instruite par les exemples du passé, se mettra difficilement aujourd'hui à la poursuite des rêves. Elle comptera plus avec la nature humaine et se laissera moins éblouir par le mirage des théories.

Parce qu'elle sera calme et réfléchie, on l'accusera d'être étiolée et découragée; on aura tort, et je suis persuadé que, le jour où elle apercevra un but certain à ses efforts, on rencontrera chez elle une maturité, une détermination, une énergie plus précieuses que le fol emportement de la passion.

Les écoles sont loin d'être vides, les barreaux ne sont pas déserts, les conférences ont leurs jeunes auditeurs, et, parmi ces jeunes hommes de vingt ans, il m'a plu de voir que grand était le nombre des esprits dans lesquels le libéralisme avait développé ses germes.

En ce temps d'exclusivisme où nous vivons, la jeunesse honnête et libérale n'a pu trouver l'emploi de ses facultés ; il n'en faut pas conclure qu'elle soit dénuée de tous les dons de l'esprit et du cœur.

C'est le fait des hommes de haute valeur de grouper autour d'eux les jeunes intelligences, de les mûrir à leur contact ; et il est rare qu'un grand politique, qui s'impose à ses concitoyens par l'élévation de ses sentiments et la respectabilité de son caractère, ne fasse pas école et n'entraîne pas à sa suite une troupe ardente à ses leçons et désireuse de se modeler à son image. L'une des plus grosses fautes de la république est de n'avoir pas su faire école. Les violents et les sectaires qui la gouvernent ont remorqué de plats ambitieux avides de jouissances matérielles et mus par le seul désir de partager la fortune éphémère de leurs patrons. Certes, la jeunesse digne et indépendante, à qui toutes les carrières ont été ainsi fermées, a beaucoup souffert de cet ostracisme, son activité s'est engourdie dans l'inaction forcée; mais la république souffrira plus qu'elle encore de son exclusivisme. Elle s'est créé des clients intéressés, mais non pas des disciples. Or les clients sont volages, parce que l'intérêt les retient; les disciples seuls demeurent fidèles, parce que la foi les guide.

Cette foi qui fait la force d'un principe, cette foi qui va s'éteignant chaque jour, les libéraux tentent en faveur de la république de la réveiller dans l'âme désabusée de la jeunesse ; mais à leur appel je serais fort étonné que cette jeunesse ne répondît pas en ces termes : « Ah ! messieurs les libéraux, messieurs du centre gauche, qui nous avez offert la République comme une panacée, vous avez arboré le drapeau de la liberté ; pourquoi l'avez-vous laissé prendre, et, maintenant qu'il est aux mains des énergumènes et des despotes, de quel droit venez-vous nous dire : Allez, molle jeunesse, allez l'arracher à ceux qui nous l'ont dérobé, et rapportez-le-nous triomphant ? Ah ! vous nous avez séduits avec l'image de Washington, et vous nous avez donné Danton, Robespierre et Saint-Just ! Allez, messieurs, allez croiser le fer avec les fils de vos œuvres. Ah ! vous n'avez pu, avec tout votre talent, toute votre expérience des hommes et des choses, maintenir vos sages doctrines, et c'est à nous que vous laissez le soin de les faire revivre ! Grand merci de la besogne : où votre intelligence a échoué, que voulez-vous donc que fassent notre médiocrité et notre inexpérience? Ah! vraiment! heureux de votre œuvre, glorieux pontifes, sur le déclin de votre vie, vous montez aux portiques de l'Acropole, et de là vous daignez nous léguer vos idées, laisser tomber de vos lèvres augustes les grands préceptes de votre philosophie politique! A quoi nous serviront-ils, puisque en votre vie mortelle vous-mêmes n'avez réussi qu'à en faire le joyeux rayon qui illumina votre âme, berça vos rêves humanitaires, endormit vos douleurs patriotiques?

« Dites-nous plutôt : Nous avons voulu doter notre patrie d'un régime sage s'ouvrant pour le bonheur de toutes les classes sociales aux idées libérales que réclame la France moderne, un régime sous le pacifique gouvernement duquel les plus sages et les meilleurs auraient pu travailler à loisir au bien-être de ceux qui souffrent. Nous avons échoué; en dépit de nos louables intentions, nous n'avons réussi qu'à faire le jeu des plus impudents et des plus fourbes. Cherchez donc une autre formule que la nôtre, et, si vous la trouvez, agissez pour assurer le règne du libéralisme. — Alors nous prêterons une oreille attentive à vos avis. »

Telle sera, je le crois, la réponse des jeunes générations. Tant que les libéraux, en effet, n'auront point trouvé une formule nouvelle, je ne vois aucun rôle à jouer sur la scène publique, pour la jeunesse honnête et réfléchie, qui userait son énergie dans des querelles de coteries, dans le mercantilisme des compromissions ou, mal plus terrible encore, dans la servilité, si elle se rapprochait des maîtres du jour, comme elle y serait fatalement entraînée.

L'appel des républicains libéraux à la jeunesse restera donc sans écho. Pour se proposer en exemple, il faut arriver le succès en main. L'ancien centre gauche se présente avec les plus cruelles défaites à son actif; c'est un médiocre moyen de persuasion. La jeunesse offrira le tribut de son respect et même de son admiration aux loyaux défenseurs de la république libérale; mais là se bornera sa manifestation.

Si les libéraux échouent auprès de la jeunesse, cette réserve de l'avenir, à qui s'adresseront-ils? Feront-ils appel à l'esprit politique des républicains avancés qui forment la majorité sinon numérique, du moins effective des Chambres? Je ne le pense pas, et rien dans leurs écrits ne peut me contredire, alors que leur cri de guerre est : Sus au radicalisme! Ils savent trop que les jacobins n'arriveront jamais à composition, que parler raison aux énergumènes est temps perdu, pour tenter la conversion d'hommes qui doivent à leurs idées fausses et coupables leur élévation et leur puissance momentanées. Se tourneront-ils du côté de l'opposition conservatrice en lui proposant de passer à gauche? on leur répondra

ceci [1] : « L'opposition conservatrice à la Chambre
« est numériquement la plus forte, la plus redou-
« table qu'aucun gouvernement ait jamais ren-
« contrée devant lui.

« En 1869, à la suite des élections législatives
« qui forcèrent la capitulation de l'empire auto-
« ritaire et l'avénement d'un cabinet libéral avec
« un programme équivalant à l'Acte additionnel
« de 1815, toutes les nuances de l'opposition ne
« réunissaient que 116 voix, en ne représentant
« guère qu'un million d'électeurs, tandis qu'au-
« jourd'hui, malgré les invalidations systéma-
« tiques qui l'ont décimée, l'opposition compte
« encore 180 voix, qui représentent trois millions
« et demi d'électeurs, et 180 voix placées comme
« un coin entre les 210 opportunistes et les 190
« radicaux.

« C'est une force immense, et les résultats
« obtenus par les 86 soldats disciplinés de la

[1] M. Lavedan.

« phalange irlandaise dans une Chambre des
« communes composée de 650 membres, permet
« d'entrevoir tout ce que pourrait une minorité
« aussi puissante que celle du Palais-Bourbon,
« si elle manœuvrait avec la cohésion et l'habi-
« leté de la brigade de M. Parnell.

« Eh bien! qu'ose-t-on proposer à ces 180
« monarchistes, capables, s'ils le veulent, d'être
« les arbitres des crises parlementaires et les
« vrais maîtres du gouvernement? On leur pro-
« pose de passer à gauche en se faisant bénévo-
« lement pour trois ans les prisonniers de la ré-
« publique! — Depuis la capitulation de Bazaine,
« on n'aurait rien vu de pareil; et encore l'armée
« de Metz, quand elle s'est rendue, n'avait-elle
« plus ni vivres ni munitions, tandis que l'ar-
« mée conservatrice du Palais-Bourbon a toute
« la plénitude de ses ressources, avec trois an-
« nées d'action libre devant elle.

« Comment s'appellerait, dans des conditions

« pareilles, l'extraordinaire évolution qu'on lui propose? »

Une œuvre patriotique, diront les libéraux, avec cette habitude fatale que nous avons tous de mêler le mot de patrie aux discussions politiques, où il n'a rien à voir; un métier de dupe, répondront les conservateurs, à qui l'on demande de se jeter de propos délibéré dans le brasier et qui estiment, non sans raison, qu'ils ne pourraient trouver à gauche que compromissions radicales.

Je ne l'ignore pas, certains journaux républicains font entendre un langage des plus encourageants ; le *Temps*, entre autres, dans d'excellents articles, prêche la conciliation et la modération avec une conscience digne du meilleur sort ; le ton de nombre de ses écrits est empreint d'un si pur libéralisme que les plus chatouilleux conservateurs ne pourraient s'en heurter; néanmoins, le *Temps* a contribué à nous doter de MM. Basly et Camélinat. Il l'a fait avec tristesse, je n'en doute pas, se retranchant derrière la nécessité politique ; son bon sens, sa sagesse en ont également souffert, et pourtant il ne s'est pas senti assez fort pour résister au flot envahissant du radicalisme ; il est entré en pourparlers avec les pires ennemis de la république conservatrice, et là où ses devanciers libéraux, tels que Thiers, Dufaure, Jules Simon, ont échoué, lui aussi s'est brisé.

C'est donc un régime bien aléatoire que cette république libérale et conservatrice qui demeure à l'état d'utopie en France et qui n'a jamais su lutter avec avantage contre ses deux puissants ennemis, toujours prêts à l'engloutir, l'anarchie et le despotisme ; et les monarchistes, qui vivent du souvenir de nos gloires passées, ont donc bien quelque raison de résister à d'insidieux appels devant le spectacle lugubre que nous offre le présent.

Si les libéraux rencontrent dans les Chambres les obstacles que je viens de signaler, auront-ils plus de succès auprès des anciens *leaders* de la république conservatrice et des porte-voix de l'ancien centre droit, jetés aujourd'hui aux gémonies? Vraiment, une fusion entre les doctrinaires de gauche et de droite me paraît bien délicate, et ce *modus vivendi*, qu'il est si facile d'obtenir en Angleterre, en Italie et en Espagne, est difficilement compatible avec le caractère français, peu fait pour la conciliation et, disons-le, tout d'une pièce. C'est mal connaître l'esprit des doctrinaires du centre que de compter sur leur souplesse; la métaphysique, les doctrines, les principes les absorbent; ils leur sacrifieront toujours les intérêts positifs et leurs garanties réelles.

Enfin, je veux bien admettre que, par courtoisie, on échange des coquetteries; l'amitié ne sera jamais franche, les sourires demeureront pleins de réticence, et, quand bien même, bonne ou mauvaise, l'alliance serait conclue entre ces vieux adversaires, ces chefs des anciens partis, pour respectables qu'ils soient, mais qui furent mêlés à d'ardentes luttes, qui subirent d'inoubliables défaites politiques, seraient-ils accueillis par le pays? J'en doute; les fausses légendes se sont accréditées, le temps a fait son œuvre, et, pour notre malheur, il arrive aujourd'hui que les hommes qui ont le plus de culture, l'esprit le plus ouvert aux grandes pensées, demeureront, par la force des choses, relégués au rang de conseillers écoutés, peut-être, mais ne pourront jamais prétendre désormais à jouer les premiers rôles. Les Français sont peu numismates, et, quel que soit le métal des vieilles médailles qui ont trop servi, ils préfèrent les monnaies neuves.

De ce côté encore, les libéraux chercheraient donc en vain un solide appui.

En dernier ressort, à qui s'adresseront-ils? Aux masses électorales, sans nul doute, pour qui sont élaborées leurs excellentes brochures.

Eh bien, les libéraux prouvent qu'ils connaissent mal le peuple, lorsqu'ils comptent sur
lui pour amener le triomphe de leur programme.

Ce que les masses leur répondront, c'est que,
ce programme étant celui des conservateurs monarchistes, elles préfèrent voter pour des hommes
dont elles connaissent les opinions nettement
tranchées que pour des candidats qui, selon l'ex-
pression populaire si souvent employée, « semblent ménager la chèvre et le chou », avec leur
programme également propre aux conservateurs
monarchistes et aux conservateurs républicains.
Ce sont là des nuances trop délicates pour la
masse, et il n'y a pas lieu d'espérer qu'un républicain libéral passe aux yeux du populaire
pour un vrai républicain.

Aussi je ne partage pas l'avis de l'auteur de
la brochure *le Vrai Parti conservateur*, lorsqu'il
écrit ces lignes : « Écoutez parmi les monarchistes

le langage des habiles. Parlent-ils au peuple de renverser la république? Nullement; ils savent quel discrédit jetterait sur leur parti un tel aveu. »

C'est chercher l'habileté et le machiavélisme où ils n'existent guère. Qui parle de renverser la république? et ne peut-on être conservateur libéral et monarchiste sans devenir révolutionnaire? Si la république doit être renversée, elle se chargera elle-même de ce soin en poursuivant la série de ses fautes, en continuant à compromettre le prestige de la France et en ruinant les finances de l'État. Si la monarchie est appelée à revenir, ce sera par la plus pacifique des révolutions : le *consensus;* si l'un de ces drames sanglants, l'un de ces coups de tête irréfléchis auxquels la France est malheureusement sujette, ramenait la monarchie, son règne serait éphémère, comme l'a été celui de tous les gouvernements nés de la violence et de la passion.

D'ailleurs, c'est se faire une singulière idée des électeurs que de leur prêter la naïveté de porter leurs suffrages sur des hommes dont ils ignorent les secrètes sympathies. Non, les électeurs, en France, sont plus ombrageux que confiants, et, bien loin de se faire illusion sur les sympathies de leurs mandataires, ils sont plutôt enclins à leur en prêter de beaucoup plus vives que celles qui reposent, en réalité, dans le fond de leur cœur.

S'ils ont donc voté en 1884 pour les conservateurs, ce n'est point parce qu'ils ignoraient leurs secrets penchants, ou parce que ces conservateurs habiles ne leur ont pas parlé de renverser la république, — ce qui n'eût rien signifié, d'ailleurs, car on n'est pas maître de renverser un gouvernement comme on abat un pan de mur délabré, au gré de sa fantaisie ; — mais c'est simplement par lassitude des palinodies républicaines. Et si les conservateurs étaient arrivés devant la Chambre avec la majorité, leurs électeurs ne leur eussent certainement point reproché de donner au pays une monarchie sage, libérale, amie du progrès et des réformes, mais capable aussi d'imposer silence aux fauteurs de désordre, aux dilapidateurs de la fortune publique.

J'irai même plus loin : les masses électorales qui ont voté pour les conservateurs sont si peu naïves et nourrissaient si bien l'espoir de voir un régime sage et ferme succéder au despotisme républicain, que leurs suffrages, j'en suis persuadé, se fussent déplacés si elles avaient pu supposer que leurs efforts demeureraient vains. Devant les fautes accumulées de la république, fautes qui eussent renversé, depuis nombre d'années déjà, tout autre gouvernement, elles pouvaient bien un peu compter sur le succès de leur tentative. Si elles avaient pu prévoir leur échec, je crois fermement qu'elles n'auraient pas porté, simplement pour le plaisir d'une manifestation platonique, leurs votes sur des hommes appelés à demeurer sans influence dans le gouvernement, et dont toutes les démarches viennent se heurter à un mauvais vouloir systématique.

Il s'ensuit donc pour moi que, si les masses redoutent les révolutions sanglantes et les aventures, dans l'exercice de leurs droits, elles agissent en pleine connaissance de cause. Lorsqu'elles voudront une pacifique évolution, elles le feront comprendre, comme cela s'est vu déjà, et leurs choix se porteront sur les hommes qui représenteront le mieux leurs tendances nouvelles. Si, malgré ses erreurs, la république a le don de les charmer, les candidats les plus avancés, qui sont les plus utiles, les plus remuants, les plus capables de servir les intérêts privés au détriment des intérêts publics, obtiendront leurs suffrages; mais, en tout cas, pour bien faire comprendre le peu de confiance qu'elles ajoutent à l'irréalisable hy-

pothèse d'une république libérale et conservatrice, elles ne songeront pas à offrir dans le Parlement un siége à un Ribot dont l'éloquence, le
talent et les vertus méritent pourtant bien, ce me
semble, la sympathie d'un pays républicain. C'est
ainsi que les électeurs répondront aux avances
des républicains libéraux, et le résultat de leur
campagne ne sera pas celui qu'ils se proposent.

En montrant et en flagellant les manœuvres
coupables de la république jacobine, ils précipi-
teront sa chute, je n'en doute pas; mais, dans
cette chute, ils entraîneront la république même,
la république sans épithète. Là se bornera leur
rôle.

Toujours dans le camp de l'opposition, soit
que la France tende à incliner à droite, soit qu'elle
penche vers la gauche, ils démoliront sans cesse;
mais sur les ruines qu'ils auront amoncelées, ils
n'édifieront jamais le temple sacré qu'ils ont si
souvent tenté, mais en vain, d'élever à la liberté.

Je sais bien que leur but a toujours été de réformer et non de renverser; mais leurs conseils
sont arrivés trop tard. Ce n'est point quand le
venin a fait son œuvre mortelle qu'il est utile
d'intervenir; les soins de l'empirique n'ont plus
le pouvoir d'en arrêter la marche : c'est au début
qu'il faut enrayer le mal.

Rhéteurs savants, les grands *leaders* des centres gauches, qui font aujourd'hui un appel si
chaleureux au bon sens, à la sagesse de tous,
prêchent en Sorbonne pour un petit noyau d'ad-
mirateurs ou d'aimables disciples; ils ne parlent
pas pour le peuple, qui n'entend rien à ces sub-
tilités, à ces discussions métaphysiques; pour le
peuple, qu'on a initié au radicalisme, il n'y a
pas plusieurs nuances de république, il n'y a
qu'une république. Cette république, il la con-
duira jusqu'à ses extrêmes limites, et, le jour
où il comprendra qu'il a été le jouet de ses illusions, peut-être se repentira-t-il de n'avoir pas

écouté les avis tardifs des républicains libéraux;
mais, à coup sûr, il ne reviendra pas à eux :
l'étiquette républicaine aura fait son temps; il
cherchera un autre emblème.

Il m'est donc pénible d'avouer que mes maîtres, les libéraux de la grande école, ne me paraissent pas se rendre un compte bien exact des
sentiments qui agitent un peuple; le côté pratique des choses leur échappe; absorbés dans
leurs études spéculatives, dans la perpétuelle
contemplation d'un idéal plus ou moins réali-
sable, ils ont négligé cette branche de la politique
qui s'appelle le gouvernement des hommes. Ce
sont toujours bien ces fils de 89, ces philosophes
raisonneurs qui ont aiguisé à plaisir le couteau
sous lequel leurs têtes sont tombées.

Ils ont porté la bonne nouvelle, soit; mais il
semblerait que depuis soixante ans leur aposto-
lat n'ait réussi qu'à amonceler les ruines.

« C'est pour ne pas avoir obéi à la loi d'oscillation nécessaire à tous les peuples que la Restauration, la monarchie constitutionnelle, l'Empire se sont écroulés », disent-ils aujourd'hui. Si vous voulez bien lire entre les lignes, vous traduirez : « C'est pour ne pas nous avoir obéi que Charles X, Louis-Philippe et Napoléon III sont descendus du trône » ; et lorsque je les vois de nouveau commencer leur campagne contre la république jacobine qui nous régit, je me dis : Le système républicain est en grand danger, car le réveil des libéraux a toujours précédé de bien près la chute des gouvernements. »

Quel profit cette perpétuelle opposition a-t-elle porté à la grande cause du libéralisme et à la nation? Les uns après les autres, les libéraux se sont engloutis, et le pays a cruellement souffert de ces incessantes convulsions.

Et pourtant cette déperdition des plus nobles forces du pays est chose lamentable. Pour qu'elle prît fin, que faudrait-il donc? Il faudrait que le libéralisme, rompant en visière avec ses anciens errements, et cessant d'être une petite secte étroitement attachée à la lettre d'un symbole, devînt une « Église universelle où il y aurait place pour quiconque croit à la liberté et veut en jouir ».

III

AVENIR DU LIBÉRALISME

« Un poëte persan, d'humeur chagrine, disait[1] : « La nuit dernière, je passai dans le désert de Thous; je vis un hibou perché à l'endroit où jadis perchait le coq. Je lui dis : Quelle
nouvelle m'apportes-tu du désert? — La nouvelle, me répondit-il, la voici : Malheur! malheur! — Le chant du coq qui réveille les en-
dormis dans un siècle où il est défendu de dor-
mir, nous paraît plus utile que le hôlement
funèbre de la chouette, fût-elle de ces chouettes
savantes et lettrées qui aiment à nicher parmi
les marbres du Parthénon; un de ces oiseaux

[1] Cherbuliez.

nocturnes chers à Pallas Athênê, et tout remplis
de sa divine sagesse. »

Je serai désolé si les libéraux m'accusent de
manquer, à leur endroit, de correction ou de courtoisie; mais, vraiment, je ne puis résister au
désir de leur appliquer le reproche que le spiri-
tuel écrivain adressait au savant Henry Summer
Maine. Le hôlement funèbre de la chouette soli-
taire est dur à mon oreille française, et les libéraux me semblent affectionner ce cri plaintif et
désespéré.

Pourtant, c'est chose triste pour un pays, de
voir ses plus dignes fils irrémédiablement condamnés à jouer le rôle de modernes Cassandres;
et si les tristes résultats du passé m'autorisent à
mal augurer des campagnes de l'avenir, ne m'est-
il pas permis de chercher la cause d'un état que
je déplore?

On a matérialisé le libéralisme; de là l'origine
de tout le mal. On l'a fait descendre des sphères

radieuses où plane la pensée dans le champ clos où luttent les intérêts privés.

C'est une grande faute.

Le libéralisme est et doit demeurer une abstraction, une idée pure, et non l'étiquette de tel ou tel parti politique.

Un libéral n'est ni monarchiste ni républicain ; il est *libéral* tout court, serviteur unique de sa pensée, indifférent aux formes de gouvernement qu'un État se plaît à adopter, dès lors que cette forme est susceptible d'apporter la sécurité et l'honneur à sa patrie, le repos et la liberté à ses concitoyens.

Les libéraux ont quitté ces sommets où se complaît l'intelligence humaine, et leurs efforts sont demeurés stériles. Ils avaient pour eux la saine raison ; par quelle fatalité ont-ils donc oublié que la raison ne se catalogue pas, et qu'au-dessus des dissensions, des faiblesses du monde, elle domine rayonnante et divine?

Paradol, qui nous dira le secret de vos désespérances, infortuné libéral? Ollivier, autre mort vivant, de votre grande pensée que restera-t-il aux yeux de la majorité des hommes, si ce n'est le souvenir d'une coupable conversion, joint aux cruelles épreuves de la destinée?

Et pourtant, ces hommes remarquables ne faisaient-ils pas acte de bon sens et de patriotisme en sortant de la routine fatale des centres, germes constants de dissolution, et en préférant encourager les tendances libérales d'un gouvernement que demeurer dans une inutile et grondeuse opposition?

De combien de tristesses, néanmoins, n'ont-ils pas payé la faute qu'ils avaient commise de ne point rester naguère des libéraux sans épithète! Pour être sortis du domaine de l'abstraction, ils ont paru effectuer une conversion dictée par d'ambitieux mobiles, et, dès lors, il n'est pas un déboire, pas une attaque qui leur aient été épargnés.

Je ne vois donc pas sans inquiétude le mouvement opéré par les libéraux de l'heure présente ; la question me semble mal posée, le moment mal choisi, et si ce mouvement ne peut, en théorie, mériter que des louanges, en pratique, je crois fort qu'il aura pour seul résultat l'anéantissement de ses chefs.

Il serait oiseux de le nier, le libéralisme est un grand dévorateur d'hommes, et je n'aurais pas été surpris que M. Raoul Duval, entre autres, et les quelques amis qui le suivaient sur le terrain où il s'était placé, eussent été bientôt condamnés à rejoindre dans leur triste retraite les Simon, les Vacherot, les Ribot et les Lamy. Ils se seraient trouvés, certes, en bonne compagnie ; mais, vraiment, est-ce bien le but que doit se proposer un homme politique, de creuser de ses propres mains la tombe où seront ensevelies, richesses perdues pour le pays, ses facultés, ses aspirations et son patriotisme ?

Pour se placer, comme l'a fait M. Raoul Duval, sur le terrain du libéralisme constitutionnel, chose en soi qui me semble fort juste, encore faut-il être sûr que le libéralisme est compatible avec le régime qui gouverne actuellement la France ?

Certainement, M. Raoul Duval en était persuadé; sans cela sa démarche se comprendrait peu.

Je crois que, à l'exemple de l'auteur de la brochure *le Vrai Parti conservateur*, il s'illusionnait sur ce point. Je me suis étendu, d'autre part, sur les différents motifs qui m'ont affermi dans cette conviction. J'insiste sur le principal : étant donnés l'état actuel des esprits en France, le progrès des doctrines radicales, la république libérale et conservatrice sera désormais difficilement considérée comme la forme la plus sage de la république ; on la traitera plutôt de monarchie déguisée, de monarchie uniquement privée de son chef : le souverain.

Nous ne sommes plus en 1848, où un libéral

pouvait écrire : « Nous partons de 1830 comme 1830 était parti de 1814, et 1814 d'une alliance entre l'esprit ancien et l'esprit nouveau ; nous suivons notre marche à travers les âges, les nationalités et les civilisations ; nous portons la fortune du monde, la république conservatrice[1]. »

Nous ne partons pas de 1848, nous autres ; nous datons de 1871 ; le souffle de folie qui a passé sur cette triste année a laissé les traces de sa présence, et si nous suivons notre marche à travers les âges, les nationalités et les civilisations, nous portons la plaie du monde, les traditions de la Commune.

Développée par les théories fougueuses du radicalisme, contre lequel nous n'avons pas su lutter à temps, notre intransigeance native rend difficile aujourd'hui l'application des doctrines conciliantes du libéralisme.

Cette maxime si pratique et si sage, que j'ai

---

[1] Comte DE CHAMBRUN, *Fragments politiques.*

tant de fois entendu citer aux politiques italiens :
Ma che bisogna di vivere, « mais quoi ! il
faut pourtant s'arranger de façon à vivre pour
le mieux » , n'entrera pas aisément, de nos jours,
dans les oreilles françaises.

. Si Paris se trouvait dans la situation délicate
de Rome capitale, avec trois partis journellement
aux prises : les papalins, les constitutionnels et
les radicaux, il y aurait longtemps que le sang
coulerait et que les barricades se dresseraient en
permanence dans les rues.

Chez nous, la situation intérieure en elle-
même, beaucoup moins compliquée, produit des
résultats plus néfastes, engendre des luttes plus
ardentes et plus aigres, et les haines que se
vouent des politiciens du même parti, opportunistes et radicaux par exemple, sont mille fois
plus vives que celles de deux partis aussi con-
traires que celui des constitutionnels italiens et
celui des papalins.

Et c'est à nos démagogues que M. Raoul Duval adressait des paroles de bon sens et de sagesse ! Quel temps perdu ! Mais le jour où un libéral s'avisera de réclamer un peu d'indépendance et de liberté pour chacun, on lui répondra : « Vous êtes hors la loi ! » Est-ce là, sortie d'un violent, boutade dont il faille rire ? Non pas ; c'est, brutalement mais franchement exprimée, l'opinion de la majorité, qui votera toujours avec les plus acharnés, parce qu'elle n'aurait pu voter avec M. Raoul Duval, qui, jadis libéral monarchiste, libéral républicain il y a quelques jours encore, n'en était pas moins réactionnaire et clérical aux yeux des « purs », par cela seul qu'il était libéral. Les députés qui ont été élus comme républicains n'auront certes pas envie que leurs électeurs viennent leur reprocher d'être aussi réactionnaires, aussi cléricaux que les monarchistes belges, anglais, espagnols ou italiens. Ils joueraient leur mandat dans

cette dangereuse partie, et ne s'exposeront pas à
cet *alea*.

« Lorsque M. Raoul Duval signalait le danger
des divisions intérieures dans l'état présent du
monde, il donnait la raison la plus décisive
contre la politique qui entretient et envenime
ces divisions ; lorsqu'il montrait que, pour une
nation comme la France, qui n'a aujourd'hui ni
le bénéfice des fortes traditions de la monarchie,
ni le prestige intact du passé militaire, il n'y a
de sécurité et de force que dans l'union d'une
grande démocratie, il exprimait la vérité la plus
simple, la plus saisissante pour un patriotisme
éclairé. »

Je m'associe entièrement à l'éloge décerné
par M. de Mazade ; mais prouve-t-il que les
efforts de M. Raoul Duval eussent été récom-
pensés ?

L'union d'une grande démocratie aurait pu se
conclure sur les bases du pacte libéral, cela est

certain ; mais aujourd'hui l'heure est passée, la
république est sur la pente fatale ; elle glissera
jusqu'au fond du ravin, et, pour avoir trop tard
relevé la tête, le libéralisme, cette fois encore,
ne sera que le parti de l'opposition, et de l'opposition stérile ; car si M. Raoul Duval, grâce à
son talent et à son énergie, n'était pas resté un
grand isolé au milieu de ses nouveaux amis, et
fût parvenu à réunir quelque quarante ou cin-
quante fidèles, aurait-il fait une besogne bien
utile ? Il me semble que « nous avions déjà bien
assez de groupes et de sous-groupes, sans qu'il
fût besoin de pousser plus loin le byzantinisme
du fractionnement », et la manifestation du bril-
lant orateur m'a semblé surtout destinée à rendre
l'exercice du gouvernement plus difficile encore
qu'il ne l'est aujourd'hui. — Mais il est une
chose qui me séduit dans l'acte de M. Raoul Duval : c'est la hardiesse avec laquelle il a dégagé
l'idée de libéralisme de l'idée de principe gou-

vernemental. Il est possible que ses attaches antérieures lui eussent créé beaucoup d'ennuis ; qu'importaient à un homme honnête et convaincu les jugements irrités de la passion !

L'avenir peut grandement profiter de la leçon ; cette jeunesse à qui font appel les libéraux, et qu'aucun engagement ne retient, peut trouver là matière à de longues méditations.

Il est temps que les libéraux cessent d'être traités d'apostats ou de rêveurs ; il est temps que, dans le pays, se forme la grande phalange des honnêtes et des intègres, qui se rangera autour du même étendard portant fièrement cette devise : ni monarchistes ni républicains, mais libéraux.

Le salut de la France est, suivant moi, à ce prix ; car si les jeunes libéraux ne réagissent pas contre la fatale tendance du fractionnement, ils tourneront dans le cercle vicieux où se sont anéanties les forces de leurs aînés. Ils ne seront plus la grande Église universelle, mais de petites sectes attachées à la lettre d'un symbole, et, comme la France est sujette à varier ses symboles, un jour ou l'autre ils se trouveront forcément rejetés dans les rangs de l'opposition, alors que, détenteurs des immuables dogmes de la liberté, leur place est à la tête des gouvernements, dont ils doivent guider l'orientation.

Et pour prouver aux jeunes les dangers du fractionnement, examinons la situation réservée aux chefs du parti libéral républicain.

Si, comme je le crains, la république ne consent pas à devenir libérale et conservatrice, que fera la France ?

Aux yeux de tout homme que la passion n'égare pas, les choses ne sauraient rester en l'état où elles sont aujourd'hui.

Sit ut est et non erit. Que la France reste ce qu'elle est, et elle cessera d'être.

Dieu ne lui réserve pas, je l'espère, un si

sombre avenir. Elle demandera donc, c'est une question de temps, le repos et la liberté à une autre forme de gouvernement.

J'admets que la monarchie constitutionnelle, qui me paraît faite pour l'application des principes de la république conservatrice et libérale, « car entre la monarchie constitutionnelle et la république, la différence n'est que dans la forme », remporte les suffrages. Que feront les libéraux républicains, tels que M. Jules Simon, par exemple, que le courant du siècle, l'inéluctabilité des événements ont fait passer aujourd'hui de gauche à droite ?

Pensez-vous que, à l'exemple des Sagasta, des Depretis, des Cairoli et des plus illustres hommes d'État étrangers, ils viennent apporter au nouveau gouvernement libéral l'appui de leur autorité, de leur expérience et de leurs lumières ?

Ne vous y attendez pas ; ils se contenteront

de prêter le concours de leurs votes aux mesures libérales de la monarchie. — Est-ce vraiment un rôle digne de leur valeur?

Oh! je suis bien sûr que, dans leur for intérieur, ils admirent la sagesse d'un Sagasta ou d'un Depretis; ils n'ignorent pas le prix du service qu'ils rendraient au pays en consentant à jouer un rôle actif dans le nouveau gouvernement; mais ils n'auront pas le courage d'agir, parce que cette rage des classifications qui sévit chez nous en a fait les chefs déclarés et compromis d'un certain parti, et non les défenseurs de la cause impersonnelle de la liberté.

M. Raoul Duval a voulu reprendre l'œuvre des Thiers, des Dufaure et des Simon; comme eux il s'est laissé séduire par cette pensée, en théorie bien juste, mais bien fausse en pratique, que la république, mieux que tout autre gouvernement, est faite pour assurer le triomphe des doctrines libérales. Aurait-il été plus heureux que ses aînés? J'en doute ; mais de même qu'il avait, sous l'empire de généreuses illusions, séparé la cause libérale de la cause monarchique, il aurait eu, j'en suis persuadé, si l'événement avait déçu son rêve, le courage de séparer la cause libérale de la cause républicaine.

Ce courage est toute la moralité que je tiens à retirer de l'acte de M. Raoul Duval, acte qui m'a paru arriver trop tard pour produire les effets désirés, mais dont la portée philosophique est trop haute pour que les mécomptes probables du présent en détruisent l'ineffaçable impression.

Puisse-t-il être la base d'une politique nouvelle, moins systématique, mais plus féconde en résultats heureux! Le libéralisme s'est toujours symbolisé. Où nous a-t-il conduits? A l'anarchie, — et pourtant il renferme l'essence même de la vérité ; lui seul est appelé à résoudre les grands problèmes sociaux qui préoccupent les peuples. Que lui manque-t-il donc pour être fort? L'unité. — Le jour où le libéralisme, planant au-dessus des mesquines questions de formules, s'élèvera à la hauteur d'une religion, ses préceptes deviendront la Bible de l'humanité, et les desservants de son culte seront choisis parmi les plus dignes de ces fonctions sacrées.

15 février 1887.

TABLE

PARIS. TYPOGRAPHIE DE E. PLON, NOURRIT ET Cie, RUE GARANCIÈRE, 8.